SCHLESIEN

in frühen Farbfotografien

Peter Walther

SCHLESIEN

in frühen Farbfotografien

© KOMET Verlag GmbH, Köln
Text: Peter Walther
www.komet-verlag.de
Gesamtherstellung: KOMET Verlag GmbH, Köln
Alle Rechte vorbehalten
ISBN 978-3-89836-920-6

INHALT

EINLEITUNG –
SCHLESIEN IN FARBE

Schlesien ist Jahrzehnte nach dem deutschen Überfall auf Polen, nach Flucht und Vertreibung im Bewusstsein der meisten Deutschen eine versunkene Landschaft. Sie lebt weiter in den Erinnerungen der wenigen, die Schlesien noch als das Land ihrer Kindheit und Jugend erlebt haben, aber auch im historischen Gedächtnis als die Heimat von Jakob Böhme, Angelus Silesius, Andreas Gryphius, Joseph von Eichendorff oder Gerhart Hauptmann. Die Vertreibung der deutschen Bewohner Schlesiens hatte den Untergang einer ganzen historischen Kulturlandschaft zur Folge. Danach hat sich die Balance der mentalen Kräfte in Deutschland verändert: Die Stimme der östlichen Melancholie findet im Chor von hanseatischem Pragmatismus, rheinischem Frohsinn und Berliner Schnoddrigkeit keine Entsprechung mehr. Es ist wichtig, sich an diesen Verlust zu erinnern, ebensowenig wie das Leid vergessen werden darf, das Deutsche zuvor Polen beigebracht haben. Nach 1945 hat der einstige Osten Deutschlands für die Hybris fast aller Deutschen bezahlen müssen.

Inzwischen lebt seit Jahrzehnten eine neue Bevölkerung im einstigen Schlesien. Den Menschen, in der ersten Generation häufig selbst Vertriebene, sind die Städte und Dörfer, in denen sie aufgewachsen sind, zur Heimat geworden. Mit wachsendem Abstand zur Vertreibung ist auch bei den neuen Bewohnern Schlesiens das Interesse an der Geschichte ihrer Heimat gewachsen, ebenso wie die Erinnerung der einstigen Schlesier Bestätigung in den Bildern aus der einstigen Heimat sucht. „Wie sah es auf dem Neumarkt in Breslau aus, und welche Farbe hatte eigentlich die Straßenbahn in Kattowitz vor dem Krieg?" Die Farbfotos auf den folgenden Seiten verdanken sich einem Glücksfund. Sie vermitteln einen einmaligen Eindruck vom Bild Schlesiens aus einer Zeit, aus der uns ansonsten fast nur schwarz-weiße Bildzeugnisse überliefert sind. Doch woher stammen diese Fotos?

DER ERSTE FARBBILDBAND

Im Winter 1904 wurden die Kunden der Firma Stollwerck mit einer technikgeschichtlichen Novität für ihre Treue belohnt: In jeder Schokoladentafel fand sich ein Sammelbild mit einem Foto, auf dem eine Sehenswürdigkeit im Farbfoto abgebildet war, so etwa der damals noch im Bau befindliche Berliner Dom, die Seebrücke von Heringsdorf, das Parlament in Wien oder die Münchner Propyläen. Dabei handelte es sich nicht um nachkolorierte Schwarzweißaufnahmen, sondern im Druck vervielfältigte „echte Farbfotos". Eingesteckt werden konnten die Bilder in das Album „Aus Deutschlands Gauen. Die schönsten Punkte der Lande deutscher Zunge. Photographische Wiedergabe nach Naturfarbenaufnahmen. System Prof. Miethe". Ohne große Aufmerksamkeit zu erregen, war auf diese Weise das erste Farbfotobuch der Welt entstanden. Wenig später erschienen, teilweise mit denselben Bildern, unter dem Titel „Die Welt in Farben" drei Fotomappen mit großformatigen Farbaufnahmen.

Auf den Erfolg dieser frühen Publikationen gründete der Carl Weller Verlag sein von 1912 bis 1929 realisiertes Vorhaben, die deutschen Landschaften systematisch in Farbe fotografieren zu lassen und die Fotos, versehen mit landeskundlichen Erläuterungen, als Bücher herauszubringen. Die im vorliegenden Band wieder publizierten Bilder stellen eine Auswahl aus den zwei Schlesien-Bänden dieser Reihe dar, die um weitere Vorlagen

Der erste Band mit Farbfotografien: Das Stollwerck-Sammelalbum von 1904

7

Sommer 1939 in Bad Saarow,
ein Agfacolor-Dia

ergänzt wurden. Hier soll in einem kurzen Überblick die Entstehungsgeschichte der Fotos beleuchtet werden. Außerdem werden die Protagonisten der frühen Farbfotogeschichte in Deutschland vorgestellt.

LICHT UND FARBE:
WIE DIE FARBE INS FOTO KOMMT

Dass es so frühzeitig bereits Farbfotos gegeben hat, mag vielfach verwundern, da unsere historische Wahrnehmung bis in die sechziger Jahre des 20. Jahrhunderts hinein an die bildliche Überlieferung in Schwarz-Weiß gebunden ist. Der Übergang von der Schwarzweiß-Fotografie zur Farbe hat ein gutes Jahrhundert gedauert, und die Nachwehen dieser Entwicklung mit all ihren kulturgeschichtlichen und ästhetischen Empfindlichkeiten reichen bis an unsere Tage heran. Doch was ist eigentlich ein Farbfoto?

Folgen wir unserer Alltagserfahrung, ist ein Farbfoto eben kein Schwarzweißfoto, sondern ein Papierbild in Farbe. Wer in den Familienalben blättert, findet erste Exemplare zumeist in den sechziger oder siebziger Jahren des vergangenen Jahrhunderts. Dabei gab es bereits zu Beginn des 20. Jahrhunderts Versuche, Papierabzüge in Farbe herzustellen. Das sogenannte Utocolor-Papier (ab 1906) oder die Uvatypie blieben jedoch eine technikgeschichtliche Episode – vor allem wegen des hohen Aufwands (8 Laborstunden für ein Papierbild) und wegen der hohen Kosten – noch 1942 kostete eine einzige 13 x 18 - Papiervergrößerung im Duxochrom-Verfahren zehn Reichsmark, ein Durchschnittsverdiener hätte sich von seinem Monatslohn gerade einmal 15 Vergrößerungen leisten können, ohne dann noch die Miete bezahlen oder etwas zu essen kaufen zu können.

Die Situation änderte sich auch nicht, nachdem ab 1940 das Agfacolor-Papier serienreif geworden war. Man versprach die Serienproduktion für die Zeit nach dem Krieg und belieferte lediglich die Propagandakompanien und die Filmproduzenten, die vom Kriegselend mit bunten Bildern ablenken sollten. Erst 1949 wurde in Ost wie West das farbige Papierbild eingeführt. Dagegen konnte man in den USA bereits seit 1941 seine Farbbilder ausbelichten lassen, als Bildträger diente ein kleines Kunststoffplättchen (Minicolor Prints), ab 1942 wurden auch Papierbilder in Farbe möglich, deren Farben allerdings wenig alterungsbeständig waren.

Es gab jedoch Alternativen: Über Jahrzehnte hinweg wurde auf Diafilm fotografiert. Das farbige Durchsichtsbild, anfänglich in Form von Autochromplatten, später als Dia im Kleinbildformat, gehört zu den frühesten Formen der Farbfotografie. Schon vor der Wende zum 20. Jahrhundert gab es erste Bilder, und das erste Farbfoto überhaupt war ein projiziertes Bild. Der farbige Diafilm, ab 1936 als Kodachrome bzw. Agfacolor erhältlich, war auch das erste massentaugliche Mittel der Farbfotografie. Zum ersten Mal konnten nun auch Momentaufnahmen vom privaten Alltag farbig auf Film gebannt werden.

Eine dritte Verbreitungsform und die am Anfang häufigste ist die des gedruckten Farbbilds in Büchern und Zeitschriften, wie es die Vorlage für die hier versammelten Bilder bildet. Alle drei Erscheinungsweisen der Farbfotografie haben ihre eigene Geschichte, weswegen sich nicht leicht sagen lässt, wie alt die Farbfotografie eigentlich ist. Alle haben jedoch auch mit dem selben Grundproblem zu tun: Wie lassen sich farbenrichtige Bilder aufnehmen und wiedergeben?

Ohne auf Details einzugehen, lässt sich festhalten, dass Farbfotos letztlich durch die Synthese dreier Schwarzweißfotos entstehen. Anders gesagt: Auch ein Farbfilm (wie heute noch der Sensor einer Digitalkamera) speichert Farben lediglich als Helligkeitswerte. Da sich mit den Grundfarben Rot, Grün und Blau sämtliche anderen Farben darstellen lassen, werden die jeweiligen Anteile des Lichts aus dem Spektrum herausgefiltert und in ihrer entsprechenden Intensität räumlich getrennt voneinander abgelegt.

Es war vor allem dem Erfinder- und dem Unternehmergeist von Adolf Miethe zu verdanken, dass die damals einzig massenkompatible Form der Farbfotografie, das gedruckte Farbbild, bereits seit 1902 Verbreitung fand. Wer war dieser Professor Miethe, nach dessen System Farbfotos hergestellt und verbreitet wurden, Jahre bevor die Brüder Lumière aus Lyon mit ihren Autochromplatten eine erste Welle der Euphorie unter Farbfoto-Amateuren auslösten?

ERFINDER, PUBLIZIST UND UNTERNEHMER: ADOLF MIETHE

Adolf Miethe wurde 1862 als Sohn des Stadtrats und Schokoladenfabrikanten Albert Miethe und der Gelegenheits-Schriftstellerin Caroline Miethe in Potsdam geboren. Sein Großvater, der Pfefferküchlermeister Johann Friedrich Miethe, hatte 1828 die erste Schokoladenfabrik in Deutschland in Betrieb genommen, die eine Dampfmaschine in der Produktion benutzte, weshalb man im Zeichen der Zeit das Erzeugnis unter dem Namen „Dampfschokolade" vertrieb. Miethes Mutter publizierte hin und wieder in der „Gartenlaube" und hatte eine Novelle geschrieben, die 1894 bei Reimer in Berlin erschienen war.

Die Fotografie stand schon relativ früh im Zentrum von Miethes Interessen: Bereits der sechzehnjährige Schüler des Potsdamer Victoria-Gymnasiums fühlte sich vom fotografischen „Verfahren selbst mit seinem geheimnisvollen, schwarzkünstlerischen Schimmer" angezogen, wie er sich später erinnerte. 1878 bestand Miethes Fotoausrüstung aus einer aus dem Holz einer Zigarrenkiste gefertigten Kamera. Weiter heißt es in seinen Lebenserinnerungen: „Eine Flasche Kollodium war das Kostbarste dieser Ausrüstung und meine Linse war nach vielen Versuchen aus einem alten Opernglas entstanden und gut genug."

Ab 1883 studierte Miethe Physik, Astronomie und Chemie in Berlin und Göttingen. Er interessierte sich besonders für Optik und Fotochemie und lernte in Berlin Hermann-Wilhelm Vogel kennen, damals Vorsitzender des „Vereins zur Förderung der Photographie". Auch der Wissenschaftler Johannes Gaedicke gehörte zu den Berliner Bekannten Miethes. Mit ihm gemeinsam erfand er 1887 das Magnesiumblitzlicht. Er konstruierte zwei Jahre später eine Magnesiumblitzlampe und erprobte deren Funktionsweise im Freien – sehr zum Ärger der Meteorologen, die von „seltenen Wintergewittern" ausgingen. Entsprechende Eintragungen des Potsdamer Astrophysikalischen Instituts mussten durch den Vermerk „Unfug Miethe" ersetzt werden.

1889 promovierte Miethe in Göttingen zu einem astronomisch-fotografischen Thema. Seit dieser Zeit Wissenschaftlicher Mitarbeiter der Mikroskop-Fabrik Hartnack in Potsdam, konstruierte er als einer der ersten mit Jenaer Gläsern die sogenannten Anastigmate. Nach dem Tod Hartnacks arbeitete Miethe seit 1891 bei der optischen Anstalt „Schulze und Bartels" in Rathenow. Er blieb nur drei Jahre in Rathenow und wechselte dann nach Braunschweig, wo er zunächst Mitarbeiter, dann Direktor bei Voigtländer wurde.

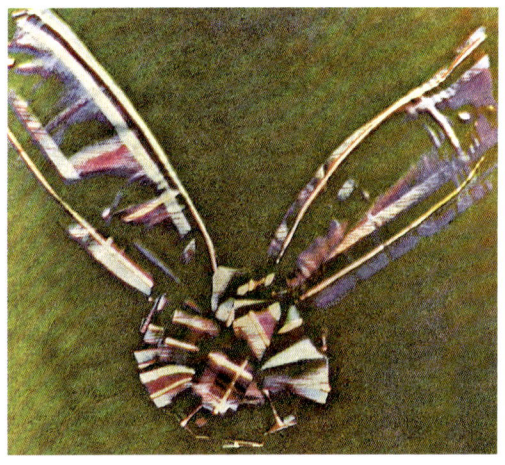

Frühestes bekanntes Farbfoto der Welt, 1861 projiziert und 1930 nach den originalen Vorlagen im Vivex-Verfahren kopiert

Von hier aus wurde er 1899 nach Charlottenburg berufen, wo er die Nachfolge des schon erwähnten Hermann-Wilhelm Vogel als Professor für Photochemie an der Königlichen Technischen Hochschule antrat.

Als Miethe den Lehrstuhl in Charlottenburg übernahm, war das Augenmerk der internationalen Forschung auf die Entwicklung praxistauglicher Verfahren der Farbfotografie gerichtet. Die theoretischen Grundlagen standen längst fest: Wie eingangs beschrieben, lässt sich prinzipiell jede beliebige Farbe auf der Grundlage der drei Grundfarben darstellen. Das Zusammenspiel der Lichtfarben Rot, Grün und Blau ergibt Weiß, wie bereits Newton nachgewiesen hatte, dieses Verfahren wurde für die additive Farbmischung bei der Projektion durch Filter genutzt, – ebenso wie die Addition der Körperfarben Cyan, Magenta und Gelb – Schwarz ergibt, was für die subtraktive Farbmischung im Mehrschichtenfilm, beim Druck und beim Farbfotopapier von Bedeutung ist.

Auf diese Beobachtung bauend, hatte bereits der schottische Forscher James Clerk Maxwell 1861 ein Bild projiziert, das als erstes Farbfoto überhaupt gilt: Nacheinander sind drei Aufnahmen desselben Gegenstands entstanden, eines Ordensbandes mit Streifenmuster, fotografiert durch Filter in den drei Grundfarben. Soweit die Theorie. Dass die Versuchsanordnung bei Maxwell einigermaßen funktionierte, war

Wechselschlittenkamera (um 1900)

jedoch eher verschiedenen Zufällen geschuldet, denn eine wesentliche Vorbedingung für die Belastbarkeit der Dreifarbentheorie in der Praxis war damals noch gar nicht gegeben, nämlich eine Fotoplatte, die auf alle Anteile des Lichtspektrums gleichermaßen empfindlich ist. Bis hinein ins frühe 20. Jahrhundert reagierten die Fotoplatten im wesentlichen nur auf den Blauanteil des Lichts, waren also „farbenblind". Deshalb waren die Bemühungen der Forscher in den Jahrzehnte vor der Jahrhundertwende darauf gerichtet, die Fotoplatte auch auf die anderen Farbanteile des Spektrums zu sensibilisieren. Wesentliche Erfolge erzielten hierbei der Vorgänger von Miethe auf dem Charlottenburger Lehrstuhl, Hermann-Wilhelm Vogel, der die Platten für Grün und Gelb empfindlich machte, sowie Miethe selbst, der 1902 gemeinsam mit seinem Studenten und Mitarbeiter Arthur Traube die Rot- und Orange-Sensibilisierung der Fotoplatte verbesserte.

Bis zu diesem Zeitpunkt bemühten sich Forscher in Frankreich, den USA und Deutschland mit mäßigem Erfolg, die bekannten theoretischen Grundlagen der Farbfotografie mit Farbauszügen in der Praxis umzu-

setzen. Gebraucht wurden zum einen Kameras, die das umständliche Verfahren der sukzessiven Aufnahme von drei Fotos desselben Motivs möglichst einfach bewältigen, zum andern Geräte, die das zusammengefügte Bild in der Durchsicht oder Projektion überhaupt erst sichtbar machen konnten.

Als Adolf Miethe nach seiner Berufung an die Technische Hochschule in Charlottenburg begann, sich für Theorie und Praxis der Farbfotografie zu interessieren, zeigte das relativ rasch Ergebnisse. Bereits 1899 baute der bekannte Berliner Kameratischler Bermpohl nach Entwürfen Miethes das Modell einer Wechselschlittenkamera, das den Wissenschaftler fortan bei seiner farbfotografischen Praxis begleitete. Mit ihr konnte man durch das auf einem Schlitten gelagerte bewegliche Rückenteil relativ einfach nacheinander drei Teilaufnahmen machen. Die Miethe-Farbenkamera wurde über drei Jahrzehnte hinweg hergestellt und war im deutschsprachigen Raum die am weitesten verbreitete Wechselschlittenkamera.

Entscheidend für den Fortschritt in der Farbfotografie waren jedoch nicht Miethes Verdienste in der Appara-

Adolf Miethe

tetechnik, den Durchbruch zu praxistauglichen Lösungen brachte vielmehr die verbesserte Sensibilisierung der Fotoemulsion, wie sie Miethe und Traube 1902 gefunden hatten. Miethe erinnerte sich:

„So konnte ich im Winter und Sommer 1902 bereits mit meinem neuen Gerät die erste Sammlung von farbigen Naturaufnahmen herstellen, die alles bis dahin Erzeugte tatsächlich tief in den Schatten stellte. Auch ein vorzüglicher Farbenbildwerfer war bald gebaut, und die ersten Farbenbilder begeisterten nicht nur mich, sondern gewannen auch das mir unendlich wertvolle herzliche Lob von Künstlern wie Menzel und Thoma.

Beide alte Herren haben gemeinsam eines Tages auf einer Bank in meinem Hörsaal gesessen und haben andächtig und mit rührender Begeisterung meine Farbenbilder angesehen, und Thoma sagte: ‚Als ich noch ein kleiner Junge war und die Schafe hütete, da habe ich von dem geträumt, was ich als alter Mann jetzt hier mit meinen Augen wahrhaftig und leibhaft vor mir sehe.'

Auch das kaiserliche Haus ließ sich meine Farbenbilder mehrfach vorführen. Der Kaiser war begeistert

Frau mit rotem Schirm.
Foto: Adolf Miethe (1902)

von deren Naturschönheit und sprach über den Einfluss, den diese Lichtbilder vielleicht auch auf die Künstler haben würden. Er gab dabei der Meinung Ausdruck, dass gewisse Auswüchse der Farbgebung der jüngsten Malerschulen an diesen echten Farben gesunden könnten.

So begann dann eine eifrige Sammelarbeit von Farbenbildern aus allen deutschen Gauen, zu deren Herstellung vor allen Dingen Sommer und Herbst 1903 zur Verfügung standen, und die ich selbst zum größten Teil anfertigte. Ich reiste mit meinem neuen Gerät in deutsche Ur- und Kunstwälder, besuchte die staatlichen Weinberge an der herrlichen Mosel und am Rhein, sammelte Bilder von Burgen, Stadtansichten und besonders eigenartige Landschaftsformen, arbeitete in der Heide, im Moor, in den Laubwäldern des Mittelgebirges, in den süddeutschen Flusstälern der Altmühl, der Donau, der Isar und des Oberrheins und schaffte so in kurzer Zeit eine einzigartige Sammlung von Bildern deutscher Landschaften und Wirtschaftsformen, wobei ich selbst mit vollen Zügen die Schönheiten dieser richtigen Künstlerreisen genoss.

Vom Jahre 1902 an war die Kamera meine stete Begleiterin. Ich schilderte mit ihr nicht nur die geliebte Heimat, in ihren wunderbaren mannigfaltigen Stimmungen, sondern nahm sie auch auf alle Reisen, zum Sommeraufenthalt nach Althagen, zur Frühjahrsreise an den Gardasee und nach der Mittelmeerküste mit. Ein volles Jahrzehnt habe ich so gesammelt und Tausende gelungener Farbenaufnahmen aus aller Welt zusammengebracht'.

Miethe war ein Praktiker. So sehr seine Entdeckungen auch der Theorie bedurften, sowenig verlor er den Blick für die Verwendbarkeit seiner Forschungsergebnisse. Für das von ihm zur Praxistauglichkeit vorangetriebene Verfahren der Dreifarbenfotografie baute er eine kleine Verwertungskette auf: Publiziert wurden die Bilder nicht nur zu Tausenden als Postkarten, heute begehrte Sammlerobjekte, die gleichen Motive wurden auch, wie eingangs erwähnt, als Schokoladen-Sammelbildchen und – in deutlich besserer Qualität – als Illustrationen in dem ab 1906 erschienenen dreibändigen Werk „Die Welt in Farbe" von Johannes Emmer sowie in Nachfolge-Publikationen des Carl-Weller-Verlags verwendet. Außerdem finden sich Miethe-Fotos in zahlreichen Publikumszeitschriften wie etwa in „Westermanns Monatsheften", in der Illustrierten Wochenschrift „Prometheus" oder in „Velhagen und Klasings Monatsheften". Auch diverse „Kleinalben" wurden vertrieben. Das 1904 im Verlag der Gebrüder

Trajans-Tempel auf Philae.
Foto: Adolf Miethe (1908)

16

Stollwerck erschienene Album versammelt jene Fotos, von denen Miethe in seinen Erinnerungen spricht. Ein Vergleich der Bilder aus dem Stollwerck-Album mit Motiven, für deren Druck dieselben Vorlagen zu einem späteren Zeitpunkt genutzt wurden, lässt die dürftige Reproduktionsqualität dieser ersten Bilder erkennen, zugleich aber auch die schnellen Fortschritte in der Drucktechnik.

Miethe selbst war der erste Fotograf, der die Farbkamera auf Reisen benutzte, zunächst in Deutschland, Österreich und Italien, vielfach auch an seinem Urlaubsort Ahrenshoop, wo er für sich und später auch für seine Tochter ein Haus erworben hatte. 1908 unternahm er eine Expedition nach Ägypten, und bereits im Folgejahr erschien das populärwissenschaftliche Reisebuch „Unter der Sonne Ober-Ägyptens" mit 45 Dreifarbenbildern. Dieses Buch erlebte eine Neuauflage mit dem Untertitel „Neben den Pfaden der Wissenschaft". Zur Verwertungskette gehörte die Nutzung der Farbfotografien in einem Buch von Miethes Tochter Käthe, das 1923 unter dem Titel „Die Smaragde des Pharao. Eine Abenteurerfahrt vom Nil zum Roten Meer" erschien. 1910 nahm Adolf Miethe an einer Expedition nach Spitzbergen teil. Im Jahr darauf erschien ein Bericht von der Expedition in Buchform, wiederum mit zahlreichen Farbfotos des Forschers illustriert. Auch diese Fotos wurden in verschiedenen Büchern weiterverwendet, so wiederum auch in dem Abenteuerbuch Käthe Miethes „In das Eismeer verschlagen", das 1925 erschien. Miethe war es übrigens auch, der 1906 das erste Farbfoto vom Ballon aus in 450 m Höhe aufnahm und der sechs Jahre später die erste Farbaufnahme vom Mond fertigte.

Noch ein Jahr vor seinem Tod bestritt Miethe 1926 eine Vortragsreihe in der Berliner Funkstunde zu den Fragen der Farbfotografie, deren Manuskripte erhalten sind. In der historischen Erinnerung hob Miethe die Leistungen seiner Vorgänger und Mitstreiter hervor und bettete die eigenen darin ein. Drei Jahrzehnte zuvor hatte er in der Zeitschrift „Atelier des Photographen" seine von den geschichtlichen Verheerungen des 20. Jahrhunderts noch ungetrübte pragmatische Haltung beschrieben: „Es handelt sich für den Mann der Praxis um weiter nichts als um das Bestreben, aus dem Fortschritt den größtmöglichen Nutzen zu ziehen." – Was ihm, wie sich im Rückblick sagen lässt, eindrucksvoll gelungen ist.

DEUTSCHLAND IN FARBE – DER CARL WELLER VERLAG

In den Jahren ab 1906 erschienen im „Verlag für Farbenphotographie Carl Weller" in kurzer Folge Bildbände mit Farbaufnahmen, die teilweise bereits im Stollwerck-Album zu sehen waren. Die fast 250 Fotos, die in den drei Bänden veröffentlicht wurden, sind mit der Wechselschlittenkamera von Miethe aufgenommen worden, wie der Beschreibung des Verfahrens in einem Prospekt zu entnehmen ist, das die Bücher vor deren Erscheinen ankündigte. Auch sind einige der bei Weller erschienenen Fotos von Miethe-Vorlagen reproduziert worden. Die Bücher sind sogenannte Mappenwerke, d. h. die Bilder liegen einzeln auf schwarzer oder grauer Pappe kaschiert und durch Seidenpapier vor Abrieb geschützt in der Mappe, und ein ebenfalls mit Farbbildern illustriertes Begleitheft liefert die landeskundlichen Erläuterungen.

Die Frühgeschichte des Carl Weller Verlags ist einigermaßen verwirrend. Veröffentlichungen des Berliner Verlags „C. A. Weller" tauchen zuerst 1902 auf. Vorher schon gab es in Kahla in Thüringen „A. Weller´s

Verlag". Das oben erwähnte Werk ist in einem Prospekt von 1905/06 zunächst als Produkt der „Kunsthandlung für Farbenphotographie Franz Feil, Berlin Schöneberg, Stubenrauchstr. 6a" angekündigt worden, erschien aber ab 1906 unter drei verschiedenen Labels, unter dem des „Internationalen Welt-Verlags", des „Verlags für Österreich und Ungarn" und der „Verlagsanstalt für Farbenphotographie Carl Weller" (ab 1907/08). In welcher Beziehung die unterschiedlichen Unternehmungen zueinander standen, ob es sich um verschiedene Namen für denselben Verlag, um Filialen oder um eigenständige Einrichtungen handelte, bleibt im Dunkeln. Für drei Bände in der Zeit 1912-1918 wird ein Teilhaber namens Hüttich in den Verlagstitel des Carl Weller Verlags aufgenommen, der aus dem Verlagsnamen späterer Publikationen jedoch wieder verschwindet.

Bereits 1910 erschienen als zweites Großvorhaben nach der „Welt in Farben" zwei großformatige Bände mit Farbfotos aus den deutschen Kolonien. Der kulturgeschichtliche Wert dieser Aufnahmen lässt sich heute nicht hoch genug einschätzen. Es handelt sich durchweg um die frühesten Farbfotos der abgebildeten Ort-

Hereros.
Foto aus dem Band „Die Deutschen Kolonien in Farbenphotographie" (1910)

schaften, aufgenommen zu einer Zeit, als farbige Reproduktionen in Europa noch Pioniercharakter besaßen. Gezeigt werden aber auch Trachten, Porträts von Einheimischen, Gebäude, technische Einrichtungen und Momentaufnahmen des kolonialen Alltags in Farbe, wie sie sonst vereinzelt nur auf den etwas später entstandenen Autochromen überliefert sind, die im Auftrag des französischen Bankiers Albert Kahn entstanden.

Der Weller Verlag betrieb hohen Aufwand, indem er mehrere Expeditionen ausrüstete, die in Afrika und im Fernen Osten Farbfotos aufnahmen, von denen 250 für die Buchausgabe ausgewählt wurden. Doch machte sich das große finanzielle Risiko für den Verlag bezahlt. Die 1910 erschienene Ausgabe des Werks fand zum sagenhaften Preis von 220 Reichsmark Absatz. Im Jahr darauf erschien eine preiswerte Volksausgabe mit einer Auswahl von achtzig Farbfotos aus dem Mappenwerk und erläuternden Texten. Bereits 1914 kam dieses Buch in zweiter Auflage (20.–60. Tausend) heraus, gleichzeitig brachte der Verlag Sammelalben, Postkarten sowie in Papiertaschen zusammengefasste kleinformatige Einzelblätter heraus. Nach dem endgültigen Verlust der Kolonien wurde 1924 mit einer „Jubiläumsausgabe" (was sich auf die vierzigjährige Wiederkehr des „Kolonialfiebers" von 1884 bezog) die „Nationalausgabe" von 1910 neu aufgelegt. Ein weiterer Auswahlband erschien 1937 und schließlich 1941, diesmal mit dem Vorwort eines Nazi-Funktionärs.

Seine dritte Großunternehmung eröffnete der Carl Weller Verlag mit dem Band „Die Mark Brandenburg in Farbenphotographie". Verteilt auf dreizehn Bände erschienen in den Jahren bis 1930 Bände mit Fotos aus vielen Teilen Deutschlands, wobei der nordöstliche und östliche Teil (Mecklenburg, Pommern und Ostpreußen) ausgespart blieb. Bis zum Ende des Ersten Weltkriegs erschienen nach dem Brandenburg-Band noch Bücher mit Farbfotos über Schwaben, Sachsen und Bayern, es folgten Aufnahmen vom Rheinland (in einer sehr großzügigen geographischen Auslegung), von Schlesien, den Hansestädten Hamburg, Lübeck und Bremen und von Thüringen.

Die den Bildern beigegebenen Texte mit landeskundlichen und historischen Inhalten sind von Fachleuten verfasst worden und sollen einen Überblick über Geschichte und Gegenwart des jeweiligen Landes bieten.

In der Mehrzahl sind diese Beiträge heute noch lesbar, auch wenn sich vielfach der nationalistische Grundton der Zeit eingeschlichen hat. Dass die Grenzen zwischen Patriotismus, zwischen Heimatliebe und Nationalismus fließend sind, lässt sich gut an den verschiedenen Vorworten ablesen. Für den Verlag war es ein günstiger Umstand, dass der erste Band nach dem Ende des Ersten Weltkriegs, geplant bereits seit spätestens 1916, Bilder vom Rheinland brachte. Hier ließ sich gut auf der nationalistischen Empörungswelle schwimmen, die die französische Besetzung des Rheinlands ausgelöst hatte.

Auffallend wenig Wert wird in den Einzelbänden auf Angaben zu den Fotografen gelegt. So wird die Autorenschaft einzelner Bilder nicht nachgewiesen. Mit Ausnahme des Graphikers Rudolf Hacke (1881–1952), der anteilig Fotos zu den Bänden „Berlin/Brandenburg", „Schwaben" und „Sachsen" beigesteuert hat, ist über die Lebenswege der Fotografen wenig bekannt. Erkennbar ist jedoch das Prinzip, dem Künstler, dem man die Komposition der Aufnahme anvertrauen konnte, einen Fotochemiker zur Seite zu stellen, der für den technischen Aspekt der Aufnahme verantwortlich war.

Die Fotos in den beiden Bänden, die Schlesien gewidmet sind, wurden von Julius Hollos angefertigt, der von allen Fotografen dem Unternehmen „Deutschland in Farbenphotographie" am längsten treu blieb. Er war an acht Bänden mit Fotos beteiligt, darunter am ersten (1912) und am letzten (1930).

Im Hinblick auf die Gestaltungsmöglichkeiten hatte die Farbe im Foto zunächst ihren Preis in der eingeschränkten Beweglichkeit – sowohl des Fotografen wie auch der Motive. Die Miethe-Naturfarbenkamera des bekannten Berliner Kameratischlers Bermpohl konnte es mit Zubehör und Platten auf ein beträchtliches Gewicht bringen. Als ebenso folgenreich für die Aufnahmen selbst wirkte sich der Umstand aus, dass vom selben Motiv nacheinander drei Aufnahmen gemacht werden mussten. Richtig gut ging das nur bei unbeweglichen Motiven.

Der Verlag von Carl Weller lebte nach 1945 nicht wieder auf – nicht nur deshalb, weil er sich politisch diskreditiert hatte, dies haben andere Verlage ohne größeren Schaden für ihre Zukunft auch –, sondern weil seine Zeit abgelaufen war. Weller verlegte in den

Jahrzehnten von 1906 bis zum Jahr 1938, als die ersten Bücher mit Agfacolor- und Kodachrom-Fotos herauskamen, nahezu ausschließlich Farbbildbände. Einige Verlage versuchten sich als Trittbrettfahrer beim Farbbildband-Geschäft, jedoch mit mäßigem Erfolg oder mit nur regionaler Ausstrahlung.

Die Spezialisierung hatte für den Weller Verlag ihren Preis. Seitdem die Farbfotografie mit Einführung der modernen Mehrschichtenfilme ein Massenprodukt in den Händen der Amateure geworden war, schwand der Markt für die aufwändig hergestellten Bände des Weller Verlags. Dass der technische Umbruch mit einem allgemeinen gesellschaftlichen zusammenfiel, mag den Verfall des Verlags beschleunigt haben.

BUNT ODER FARBIG?
DER WERT DER FARBE IM FOTO

Obwohl die Versuche, Farbe ins Foto zu bekommen, beinahe so alt sind wie die Geschichte der Fotografie selbst, stellte sich bei Einführung der Farbfotografie zu Beginn des 20. Jahrhunderts heraus, dass sechzig Jahre Schwarzweiß-Fotografie inzwischen einen ästhetischen Standard etabliert hatten. Das Fehlen der Farbwerte wurde nur anfänglich als Unzulänglichkeit begriffen, ansonsten hatte man sich bald in den technischen Begrenzungen eingerichtet und alle gestalterischen Mittel auf sie ausgerichtet. So mag es nicht verwundern, dass das Aufkommen der Dreifarbenfotografie von verschiedenen Seiten mit Skepsis begleitet wurde. Einige dieser Bedenken hat der Afrika-Reisende Gustav Fritsch (1838–1927) im ersten Teil des „Kolonien"-Farbfotobands von 1910 in seinem Geleitwort aufgegriffen:

„Die heftigsten Gegner des Verfahrens sind wohl unter den Malern zu finden, was dem inneren Wesen der Sache nach begreiflich genug ist. Doch sollten diese Gegner nicht den Vorwurf der ‚unnatürlichen Farben' erheben, denn tatsächlich sind gerade ihnen die Farben zu natürlich. Der Maler verlangt von einem ‚Bilde' außer den Lokaltönen auch ‚Stimmung', das heißt die Unterordnung der Lokaltöne unter eine auf einen bestimmten Effekt berechnete, allgemeine Färbung. Es ist bekannt genug, wie leider die Sezessionisten sich nicht selten durch den Missbrauch dieser berechtigten Forderung an der Natur versündigt haben.

Eine ordnungsgemäße Ausführung der Dreifarben-theorie, welche die Grundfarben richtig gegeneinander abwägt, gibt allerdings keine ‚sezessionistischen' Bilder, sie unterdrückt vielmehr, wie man zugeben muss, sehr häufig die ‚Stimmung' überhaupt. Aber es fehlt nicht an Beispielen, die beweisen, dass darin kein Grundfehler der Dreifarbentheorie liegt, sondern dass eine sichere und sachgemäße Handhabung des Verfahrens auch vortreffliche Stimmungsbilder erzeugt, wie solche in unserer Zeit besonders durch Herrn Miethe vielfach vorgeführt wurden. Hierbei muss eben der photographische Künstler dem mechanischen Verfahren verständnisvoll entgegenkommen."

Es wurde schnell deutlich, dass die Farbfotografie im Mutterland des Idealismus sich nicht auf ihre dokumentarische Funktion beschränken würde. Die frühen Farbaufnahmen lassen die Absicht erkennen, das Wesenhafte einfangen zu wollen – „das Dorf" oder „die Landschaft" – jenseits störender Zufälligkeiten, wie sie die moderne Zivilisation hervorbringt. Auf den Bildern ist kaum einmal ein rauchender Schornstein, ein Bahnhof oder eine Elektroleitung zu sehen – die Aufnahmen wirken wie Genrebilder aus dem 19. Jahrhunderts. Festgehalten werden sollte das „Überzeitliche", ein gültiges Abbild von Landschaft und Leuten – neuzeitliche Urbanität störte in diesem Konzept. Sicher geht man nicht fehl, diese Romantisierung als Reflex auf die industrielle Umgestaltung der Lebenswelt in jener Zeit zu sehen.

Die frühen Farbaufnahmen von Schlesien besitzen für uns heute einen hohen Anschauungswert. Nicht nur das Inventar, sondern auch das Bild der Städte im Ganzen hat sich durch Kriegszerstörung und Wiederaufbau, Vertreibung und Neubesiedlung gravierend verändert. Betroffen sind weniger die kunsthistorisch wichtigen Gebäude, sie sind häufig wieder hergerichtet worden, sondern ganze Stadtviertel mit alter Wohnbebauung, die in Jahrhunderten kleinteilig gewachsen war. Die Farbe in den Fotos gibt den Aufnahmen aus der Vorkriegszeit einen unwirklichen Charakter, sie läßt uns das alte Bild Schlesiens nach allen Verheerungen zugleich fremd und nahe erscheinen.

Peter Walther

DIE PETERSKIRCHE
IN GÖRLITZ

Foto: Julius Hollos (1921)

◄

NEISSEBRÜCKE
IN GÖRLITZ

Foto: Julius Hollos (1921)

►

25

LAUSITZER
BAUERNHAUS
IN KÖNIGSHAIN
Foto: Julius Hollos (1921)
◄

AN DER NEISSE
IN GÖRLITZ
Foto: Julius Hollos (1921)
►

26

SCHLOSS MUSKAU

Foto: Julius Hollos (1924)

AUS DEM SCHLOSSPARK
IN MUSKAU

Foto: Julius Hollos (1924)

SAGAN (ŻAGAŃ) AM BOBER

Foto: Julius Hollos (1921)

WEINBERGE BEI GRÜNBERG (ZIELONA GÓRA)

Foto: Julius Hollos (1924)

AUS BUNZLAU
(BOLESŁAWIEC)
Foto: Julius Hollos (1924)
➤

IM DOM ZU GLOGAU
(GŁOGÓW)
Foto: Julius Hollos (1923)
◄

34

DER GRÖDITZBERG
(GRODZIEC)
Foto: Julius Hollos (1924)
➤

DER MARKTPLATZ
IN BUNZLAU
Foto: Julius Hollos (1924)
◄

KLOSTER WAHLSTATT (LEGNICKIE POLE)
Foto: Julius Hollos (1923)

MALEREI
AM „HAUS ZUM
WACHTELKORB"
IN LIEGNITZ (LEGNICA)
*Foto: Julius Hollos
(1921)*
➤

36

37

AM RATHAUS
IN LÖWENBERG
(LWÓWEK ŚLĄSKI)
Foto: Julius Hollos (1924)

➤

DER RING IN HAYNAU
(CHOJNÓW)
Foto: Julius Hollos (1924)

◀

JOSEPHINENHÜTTE IN
OBERSCHREIBERHAU
(SZKLARSKA PORĘBA)
Foto: Julius Hollos (1921)
◄

GREIFFENBERG
(GRYFÓW ŚLĄSKI)
Foto: Julius Hollos (1921)
►

HIRSCHBERG (JELENIA GÓRA)

Foto: Julius Hollos (1924)

42

THEATER
IN WARMBRUNN
(CIEPLICE ŚLĄSKIE-ZDRÓJ)
Foto: Julius Hollos (1924)
◄

BAROCKHAUS
IN WARMBRUNN
Foto: Julius Hollos (1923)
►

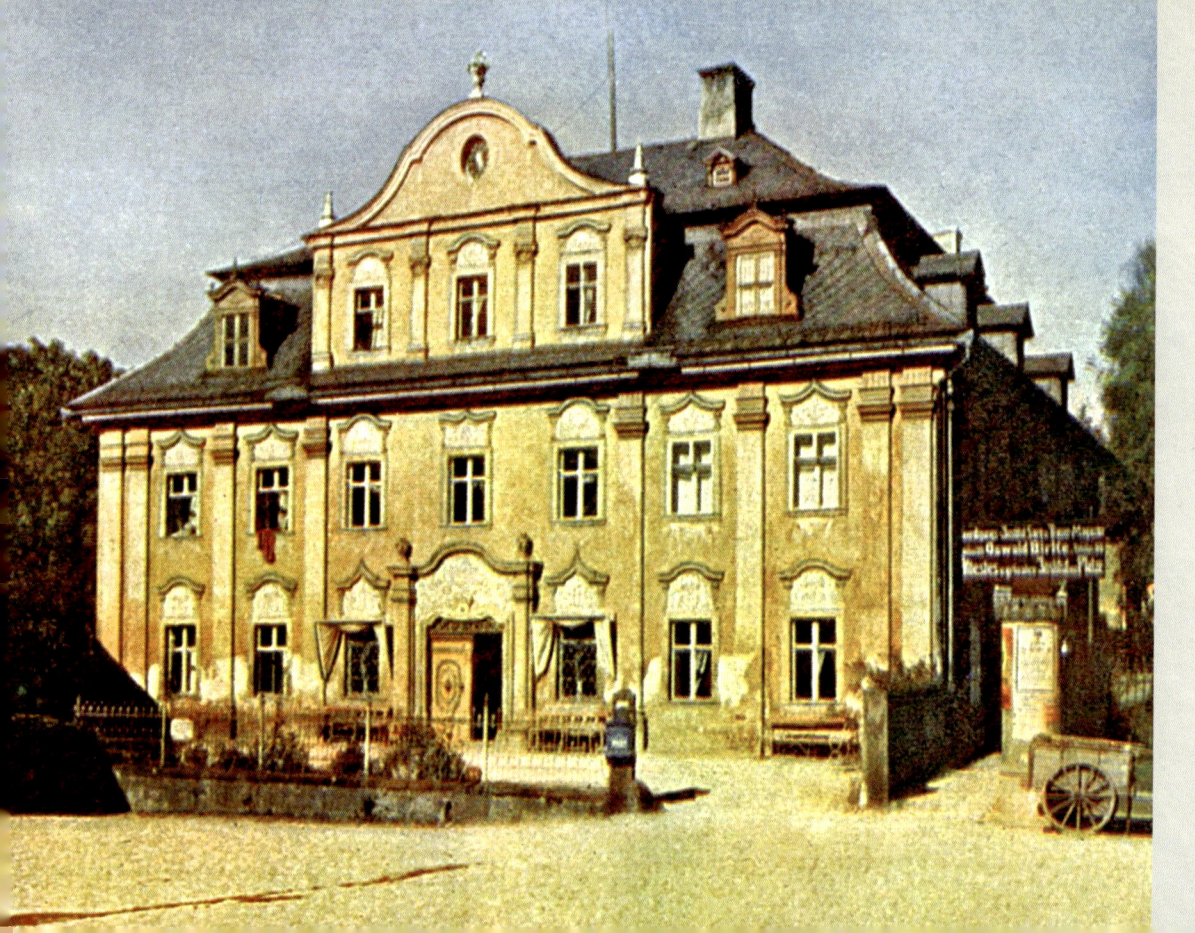

45

DIE SCHNEEKOPPE
(ŚNIEŚKA)
Foto: Julius Hollos (1924)

◄

GEBIRGSPANORAMA VON DER HEINRICHSBURG
BEI SEIFEN (MYJA)
Foto: Julius Hollos (1924)

DIE
SCHNEEGRUBENBAUDE
(SCHRONISKO NAD
ŚNIEŻNYMI KOTŁAMI)
Foto: Julius Hollos
(1924)

BURG KYNAST
(ZAMEK CHOJNIK)
Foto: Julius Hollos
(1921)

49

BOBERTALSPERRE
BEI MAUER
(JEZIORO PILCHOWICKIE)
Foto: Julius Hollos (1921)
◄

DIE
SCHWEINHAUSBURG
(ŚWINY)
Foto: Julius Hollos (1921)
►

51

BOLKENHAIN (BOLKÓW) MIT BOLKOBURG

Foto: Julius Hollos (1921)

KIRCHE DES KLOSTERS
GRÜSSAU (KRZESZÓW)
Foto: Julius Hollos (1923)

53

BAD SALZBRUNN
(SZCZAWNO ZDRÓJ),
BLICK AUF DEN
SCHLESISCHEN HOF
Foto: Julius Hollos (1921)
◄

BLICK AUF DEN
JULIUSSCHACHT
BEI WALDENBURG
(WAŁBRZYCH)
Foto: Julius Hollos (1921)
►

SCHACHTANLAGEN
IN WALDENBURG
Foto: Julius Hollos (1921)

◄

GOTTESBERG (BOGUSZÓW-GORCE)

Foto: Julius Hollos (1921)

KOKEREI IN
GOTTESBERG-
ROTHENBACH
(BOGUSZÓW-GORCE)
Foto: Julius Hollos (1921)
➤

SCHLOSS
FÜRSTENSTEIN
(ZAMEK KSIĄŚ)
Foto: Julius Hollos (1923)

➤

KIRCHE IN
REIMSWALDAU
(RYBNICA LEŻNA)
Foto: Julius Hollos (1923)

◄

In der
Friedenskirche
in Schweidnitz
(Świdnica)
Foto: Julius Hollos
(1923)

ECKERSDORF (BOŻKÓW)

Foto: Julius Hollos (1923)

ALTE PAPIERMÜHLE
IN BAD REINERZ
Foto: Julius Hollos (1921)
➤

BAD REINERZ
(DUSZNIKI ZDRÓJ)
Foto: Julius Hollos (1921)
◄

KIRCHE IN
GEBHARDSDORF
(GIEBUŁTÓW)
Foto: Julius Hollos
(1923)

66

KIRCHE IN KAUBITZ (KUBICE)

Foto: Julius Hollos (1923)

SPITZBERG UND MARIASCHNEE

Foto: Julius Hollos (1921)

KURHAUS
IN BAD ALTHEIDE
(POLANICA-ZDRÓJ)
Foto: Julius Hollós
(1924)

STADT UND FESTUNG GLATZ (KŁODZKO)
Foto: Julius Hollos (1921)

KURANLAGEN IN BAD KUDOWA (KUDOWA-ZDRÓJ)

Foto: Julius Hollos (1921)

AUS DER
KLOSTERKIRCHE
IN HEINRICHSAU
(HENRYKÓW)

*Foto: Julius Hollos
(1923)*

73

SCHLOSSHOF IN BRIEG (BRZEG)

Foto: Julius Hollos (1923)

SCHLOSS PETERWITZ (STOSZOWICE)

Foto: Julius Hollos (1923)

HABELSCHWERDT (BYSTRZYCA KŁODZKA)

Foto: Julius Hollos (1921)

TURM DER ALTEN
SATDTMAUER IN
HABELSCHWERDT

Foto: Julius Hollos (1923)

77

MARKTPLATZ IN ZIEGENHALS (GŁUCHOŁAZY)

Foto: Julius Hollos (1924)

80

RING UND KIRCHE IN
PATSCHKAU (PACZKÓW)
Foto: Julius Hollos (1924)

➤

AUS BUNZLAU
(BOLESŁAWIEC)
Foto: Julius Hollos (1924)

◄

81

An der Stadtmauer in Patschkau

Foto: Julius Hollos (1921)

OTTMACHAU (OTMUCHÓW)

Foto: Julius Hollos (1923)

84

BILDSTOCK BEI KÖPERNICK (KOPERNIKI)
Foto: Julius Hollos (1923)

89

UNIVERSITÄT
IN BRESLAU
Foto: Julius Hollos (1923)
➤

BRUNNEN AM
NEUMARKT IN BRESLAU
Foto: Julius Hollos (1923)
◄

91

DIE AULA DER
UNIVERSITÄT
IN BRESLAU
Foto: Julius Hollos (1923)
◄

CHORSEITE DES DOMS
IN BRESLAU
Foto: Julius Hollos (1923)
►

93

94

IM BRESLAUER DOM
Foto: Julius Hollos (1923)

➤

AN DER SANDINSEL
IN BRESLAU
Foto: Julius Hollos (1923)

◄

95

DIE KREUZKIRCHE IN
BRESLAU
Foto: Julius Hollos (1923)
◄

DIE WEISSGERBEROHLE
IN BRESLAU
Foto: Julius Hollos (1923)
►

DIE LIEBICHSHÖHE IN BRESLAU

Foto: Julius Hollos (1923)

TURM DER
ELISABETHKIRCHE IN
BRESLAU

Foto: Julius Hollos (1923)

➤

99

BARBARA-ALTAR
IM EINSTIGEN MUSEUM
FÜR KUNSTGEWERBE
UND ALTERTÜMER
Foto: Julius Hollos (1923)

◄

BLICK AUF DIE JAHRHUNDERTHALLE
Foto: Julius Hollos (1923)

AUS DEN LINKE-
HOFMANN-WERKEN
Foto: Julius Hollos (1921)
◄

DIE ODER VOR
BRESLAU
Foto: Julius Hollos (1923)
►

HECKENGARTEN IM PARK VON SCHLOSS SCHLANZ (WIERZBICE)

Foto: Julius Hollos (1924)

106

107

DAS DORF LEUTEN
(LUTYNIA)
Foto: Julius Hollos (1923)
◄

KLOSTER LEUBUS
(LUBIĄSŻ)
Foto: Julius Hollos (1923)
►

KÖBEN AN DER ODER (CHOBIENIA)

Foto: Julius Hollos (1923)

ODERFÄHRE BEI MALTSCH (MAŁCZYCE)

Foto: Julius Hollos (1923)

KIRCHE
IN ROTHSÜRBEN
(ŻÓRAWINA)
Foto: Julius Hollos (1923)

DER ZOBTEN (SOBÓTKA)

Foto: Julius Hollos (1921)

ALTE KIRCHE
IN MOLLWITZ
(MAŁUJOWICE)
Foto: Julius Hollos (1923)
➤

KIRSCHBLÜTE
IN SILSTERWITZ
(SULISTROWICE) AM
ZOBTEN
Foto: Julius Hollos (1921)
◄

114

SCHLOSS OELS
(OLEŚNICA)
Foto: Julius Hollos (1923)

➤

MÜHLENWERK IN
JÄTZDORF (JACZKOWICE)
BEI OHLAU
Foto: Julius Hollos (1924)

◄

ALTER JÜDISCHER FRIEDHOF IN DYHERNFURTH (BRZEG DOLNY)

Foto: Julius Hollos (1923)

Das Bartschtal
(Dolina Baryczy)
Foto: Julius Hollos
(1923)

SCHLOSS SULAU (SUŁÓW)

Foto: Julius Hollos (1923)

SEE BEI GRABOFNITZE (GRABOWNICA)

Foto: Julius Hollos (1923)

STEINBRUCH IN STREHLEN (STRZELIN)

Foto: Julius Hollos (1921)

SCHLOSS CARLSRUHE
(POKÓJ)
Foto: Julius Hollos
(1923)

OPPELN (OPOLE)

Foto: Julius Hollos (1924)

◄

DER ANNABERG (GÓRA ŚWIĘTEJ ANNY)

MIT DEM KLOSTER

Foto: Julius Hollos (1923)

SCHLOSS PLESS (PSZCZYNA)

Foto: Julius Hollos (1923)

SCHLOSS ZYROWA

(ŻYROWA)

Foto: Julius Hollos

(1923)

St. Anna-Kirche in
Rosenberg (Oleśno)
Foto: Julius Hollos
(1923)

DORFANGER IN
SCHWIENTOCHLOWITZ
(ŚWIĘTOCHŁOWICE)
Foto: Julius Hollos (1923)

➤

ODERHAFEN KOSEL
(KOŹLE)
Foto: Julius Hollos (1923)

◄

MARKTPLATZ IN
BEUTHEN AN DER ODER
(BYTOM)
Foto: Julius Hollos (1924)
➤

BURGRUINE TOST
(TOSZEK)
Foto: Julius Hollos (1923)
◀

DIE ODER BEI BEUTHEN

Foto: Julius Hollos (1923)

SCHLACKENHALDEN

Foto: Julius Hollos (1923)

OBERSCHLESISCHER HOCHWALD IM INDUSTRIEGEBIET

Foto: Julius Hollos (1923)

HOCHOFEN IM OBER-

SCHLESISCHEN

INDUSTRIEREVIER

Foto: Julius Hollos

(1923)

VERWALTUNGSGEBÄUDE
IN KATTOWITZ
Foto: Julius Hollos (1923)
➤

DER FRIEDRICHSPLATZ
IN KATTOWITZ
(KATOWICE)
Foto: Julius Hollos (1923)
◀

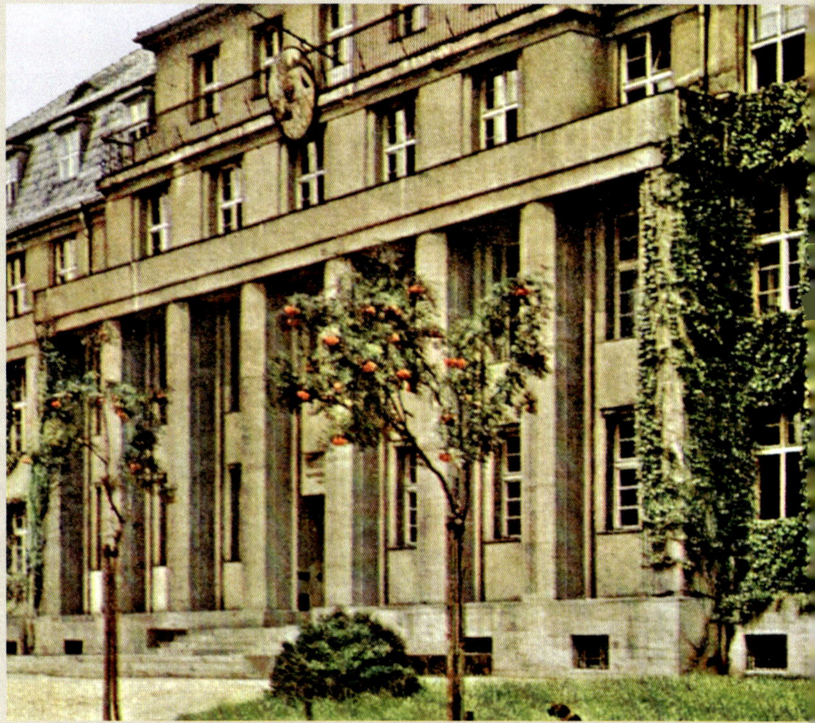

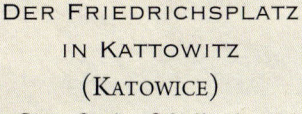

AM PAPROTZANSEE
Foto: Julius Hollos (1923)
◄

ABSTICH AM
EISENHOCHOFEN
Foto: Julius Hollos (1923)
►

142

HINWEIS

Die Angabe der Jahreszahl in den Bildunterschriften bezieht sich nicht auf den Zeitpunkt der Entstehung, der in den meisten Fällen nicht genau zu ermitteln ist, sondern auf das Jahr der Veröffentlichung.

WEITERFÜHRENDE LITERATUR ZUM THEMA "GESCHICHTE DER FARBFOTOGRAFIE" (AUSWAHL):

- Louis Walton Sipley, A half century of color, New York 1951
- Brian Coe, Farbphotographie und ihre Verfahren. Die ersten hundert Jahre in natürlichen Farben 1840–1940, München 1979
- Roger Bellone, Luc Fellot, Histoire mondiale de la photographie en couleures, Paris 1981
- Gert Koshofer, Farbfotografie. Bd. 1: Alte Verfahren, Bd. 2: Moderne Verfahren, Bd. 3: Lexikon der Verfahren, Geräte und Materialien, München 1981
- Farbe im Foto. Die Geschichte der Farbphotographie von 1861 bis 1981. Katalog zur Ausstellung in der Josef Haubricht-Kunsthalle, Köln 1981

- Winfried Mönch, Un regard allemand sur le front français. In: Couleurs de guerre. Autochromes 1914–1918. Reims & La Marne 2006, S. 47–62
- Helmut Seibt, Damals in Althagen. Der Geheimrat Adolf Miethe mit seiner Familie in der Sommerfrische 1901 bis 1927, Briefwechsel und gesammelte Texte, Ahrenshoop 2007
- Pamela Roberts, 100 Jahre Farbfotografie, Berlin 2007

BILDNACHWEIS

Alle Fotos in dem Band wurden von Julius Hollos aufgenommen.